Gesegnetes Leben

Der Segen richtet sich auf das Leben.
Leblose Dinge haben ihr starres Maß;
sie bleiben, wie sie sind.
Lebendiges hat eine Quelle in sich.
In ihm liegt das Geheimnis des Anfangs.
Es wächst und ist fruchtbar.
Auf dieses Geheimnis bezieht sich der Segen.
Ob es nun das Leben des Leibes ist
oder der Gemütes,
des Werkes oder der Tat.
Er löst die innere Tiefe,
entriegelt die Quelle,
macht aufsteigen, wachsen,
mehr-werden.

Romano Guardini

Gesegnetes Leben

Segensworte
für den
Tag,
das Jahr
und den
Weg des Lebens

herausgegeben
von
Martin
Schmeisser

Eschbach

Mit Beiträgen von Barbara Cratzius, Wolfgang Dietrich, Max Feigenwinter, Anselm Grün, Gottfried Hänisch, Almut Haneberg, Eva Hönick, Rudi Kaiser, Werner Kallen, Wilma Klevinghaus, Helmut Kraft, Antje Sabine Naegeli, Heinz Pangels, Pierre Pradervand, Eberhard Röhrig, Kurt Rommel, Anton Rotzetter, Ernst Schlatter, Jürgen Schwarz, Christa Spilling-Nöker, Pierre Stutz, Katja Süß, Dieter Trautwein, Hans Wallhof, Jörg Zink.

Bibliographische Information Der Deutschen Bibliothek: Die Deutsche Bibliothek verzeichnet diese Publikation in der Deutschen Nationalbibliographie; detaillierte bibliographische Daten sind im Internet über http://dnb.ddb.de abrufbar.

ISBN 3-88671-271-0
5. Auflage 2004
© 2003 Verlag am Eschbach der Schwabenverlag AG
Im Alten Rathaus / Hauptstr. 37
D-79427 Eschbach / Markgräflerland
Alle Rechte vorbehalten.

Umschlagbild und Gestaltung: Ulli Wunsch, Wehr.
Druck: Süddeutsche Verlagsgesellschaft Ulm.
Verarbeitung: Großbuchbinderei Spinner, Ottersweier.

INHALT

7 SCHUTZ, LICHT UND FRIEDEN

Für den Tag

11 MORGENSEGEN

16 SONNTAGSSEGEN

27 SEGEN FÜR DAS ALLTÄGLICHE

32 IN DER MITTE DES TAGES

33 TISCHSEGEN

36 FRIEDENSSEGEN

42 SEGEN ZUR NACHT

Für das Jahr

48 NEUJAHRSSEGEN

50 SEGENSWORTE ZUM GEBURTSTAG

54 FRÜHLINGSSEGEN

56 SEGEN FÜR DIE SOMMERZEIT

58 FÜR UNTERWEGS

60 SCHÖPFUNGSSEGEN

61 ADVENT UND WEIHNACHTEN

65 AM JAHRESENDE

Für den Weg des Lebens

70 ZUR GEBURT EINES KINDES

73 WEGSEGEN

80 FÜR FREUNDE UND LEBENS-PARTNER

86 HAUSSEGEN

88 IN SCHWERER ZEIT

97 SALBUNG UND SEGNUNG MIT ÖL

99 KRANKENSEGEN

102 BEIM ABSCHIEDNEHMEN

108 LEBENSSEGEN

110 NACHWEISE

SCHUTZ, LICHT UND FRIEDEN

In einem Felsengrab im Hinnomtal bei Jerusalem entdeckten Ausgräber zwei kleine, mit althebräischen Schriftzeichen versehene Silberrollen. Sie stammen aus dem 7. Jh. vor unserer Zeitrechnung. Ursprünglich waren sie wohl auf der Stirn von Verstorbenen befestigt. Um die Kälte und Dunkelheit ihres Grabes mit etwas Licht und Wärme zu erfüllen, hat man in diese Rollen die in der Bibel überlieferten Worte eingeritzt, mit denen Aaron und dessen Söhne die Israeliten segnen sollten (vgl. 1. Mose/Numeri 6,22-27). Sie bilden auch die Grundmelodie dieses Buches: „Der HERR segne und behüte dich. Der HERR lasse sein Angesicht über dir leuchten und sei dir gnädig. Der HERR richte sein Angesicht auf dich und gebe dir Frieden."

„Unter dem rechten Segen wird das Leben gesund, fest und zukunftsfroh", sagt Dietrich Bonhoeffer. Leben gedeiht, wächst und entfaltet sich, wo Menschen sich dem Segen öffnen und Segen weitergeben. Die hier versammelten Texte und Gesten geben Anregungen, den Segen als Grundkraft des Lebens, als Lebenskraft in ihrem tiefsten und umfassendsten Sinn zu entdecken und zu spüren.

Martin Schmeisser

# Für den Tag

Wenn du aufwachst, segne den kommenden Tag, denn er ist bereits angefüllt mit unentdecktem Guten, das durch deine Segnungen zum Vorschein gebracht werden wird. Denn zu segnen heißt, das unbegrenzte Gute anzuerkennen, das ein integraler Bestandteil der Strukturen des Universums ist und für alle und jeden bereitsteht. Wenn du Menschen auf der Straße, im Bus, an ihrem Arbeitsplatz oder beim Spielen triffst, segne sie. Der Friede deines Segens wird sie auf ihrem Weg begleiten, und die Atmosphäre seiner sanften Ausstrahlung wird ihnen ein Licht auf ihrem Weg sein. Wenn dir Menschen begegnen und du mit ihnen sprichst, segne sie in ihrer Gesundheit, in ihrer Arbeit, in ihrer Freude, in ihrer Beziehung zu Gott, zu sich selbst und anderen.

Wenn du irgendwo entlanggehst, segne die Stadt, in der du lebst, segne die Regierung und ihre Lehrer, ihre Krankenschwestern und ihre Straßenfeger, die Kinder und die Bankiers, die Priester und die Prostituierten. In dem Augenblick, in dem irgendjemand dir gegenüber nur die geringfügigste Aggression oder Unfreundlichkeit zum Ausdruck bringt, antworte mit einem Segen. Segne solche Menschen ganz und gar, aus aufrichtigem Herzen, mit Freude, denn solch ein Segen ist ein Schild, der sie vor der Unwissenheit schützt, aus der ihr Fehlverhalten entsprang, und der den Pfeil ablenkt, der auf dich gerichtet war.

Zu segnen heißt, anderen bedingungslos und uneingeschränkt alles Gute zu wünschen, und dies erwächst aus den tiefsten Quellen im Innersten deines Herzens; es bedeutet, das Gute anzubeten, in Ehren zu halten und mit äußerster Ehrfurcht zu betrachten, was in jedem Fall ein Geschenk des Schöpfers ist. Wer von deinem Segen geheiligt wird, ist ausersehen, geweiht, heilig, unversehrt. Alle zu segnen, ohne dabei Unterschiede irgendwelcher Art zu machen – das ist die höchste Form des Schenkens, weil diejenigen, die du segnest, nie erfahren werden, woher plötzlich der Sonnenstrahl kam, der die Wolken an ihrem Himmel durchbrach.

Wenn in deinem Tageslauf etwas völlig schiefgeht, wenn irgendwelche unvorhergesehenen Ereignisse deine Pläne und auch dich selber umwerfen, dann lass deinen Segen aus dir hervorsprudeln; denn das Leben lehrt dich etwas. Zu segnen bedeutet, die allgegenwärtige, universelle Schönheit anzuerkennen, die den materiellen Augen verborgen ist; es heißt, das Gesetz der Anziehung zu aktivieren, welches aus den fernsten Winkeln des Weltalls genau das in dein Leben bringen wird, was du lernen musst und woran du dich freuen kannst. Wenn du an einem Krankenhaus vorbeigehst, segne dessen Patienten in ihrer gegenwärtigen Unversehrtheit, denn selbst während des Leidens wartet diese Unversehrtheit in ihnen auf ihre Entdeckung.

Es ist unmöglich, gleichzeitig zu segnen und zu verurteilen. Halte also diesen Wunsch zu segnen beständig als einen tiefen, geheiligten, richtig eingestimmten Gedanken fest, denn dann wirst du wahrlich zu einem Friedensstifter, und eines Tages wirst du überall das Antlitz Gottes sehen.

Und natürlich darfst du nicht vergessen, den total wunderbaren Menschen zu segnen, der du selber bist.

Pierre Pradervand

MORGENSEGEN

Gott öffne unsere Herzen
für seine uralte
und täglich neue Botschaft –

Er öffne unsere Ohren
für sein Wort
wo immer es uns sucht –

Er öffne unsere Augen
für die Schönheit seiner Schöpfung
und das Lied der Geschaffenen –

Er öffne unsere Hände
um die zu fassen
die sie ergreifen wollen –

Er öffne unsere Lippen
zu einem guten Wort
und zu neuen Liedern für ihn –

Gott stärke unsere Füße,
unsern Weg zu gehen
an diesem Tag und jedem Tag
den er uns noch schenkt
an seiner Seite
unter seinem Segen.

Wilma Klevinghaus

Gesegnet bist du
vor all deinem Tun
lass dir das Gute zusprechen
im Genießen des Lebens
der Zärtlichkeit
des Mitgefühls
des Staunens
der Sensibilität

Genieße die alltäglichen Wunder
so wirst auch du zum Segen für viele

Pierre Stutz

Jeden Morgen
mich in die Mitte des Zimmers stellen
dastehen
zu mir stehen

Jeden Morgen
vor aller Leistung mich erinnern
dass Leben ein Geschenk ist –
tief ein- und ausatmen
aus dem Urvertrauen heraus
dass Gott in mir atmet
und ich dadurch mit der ganzen Schöpfung
verbunden bin

Jeden Morgen mich neu segnen lassen
im Dastehen mit offenen Händen
im Genießen der Zärtlichkeit
im Staunen über die alltäglichen Wunder

Pierre Stutz

Ich segne
den tag
der vor mir liegt

mit einem lächeln
mit einem zärtlichen gedanken
mit einem ja

weil du
bist

grund aller dinge
quelle des lebens
atem und kraft

ich segne
den tag

wenn er mich
segnet
werde ich
segen sein

Katja Süß

Was ich dir wünsche:
Für jeden neuen Tag einen guten Gedanken
für dich und von dir –

Für jeden neuen Tag ein gutes Wort
für dich und von dir –

Für jeden neuen Tag ein fröhliches Lächeln
für dich und von dir –

Für jeden neuen Tag ein Zeichen der Liebe
für dich und von dir –

An jedem neuen Tag das Wissen
geborgen zu sein in dem, der dich liebt

Wilma Klevinghaus

SONNTAGSSEGEN

Gönnen wir uns

jedes Jahr
den Sonnenmonat,

jeden Monat
die Sonnenwoche,

jede Woche
den Sonntag,

jeden Tag
die Sonnenstunde

und jede Stunde
einige Minuten,

die ganz und gar
uns selbst gehören.

Max Feigenwinter

Mich immer wieder
der Hektik entziehen,
langsamer werden,
anhalten,
ruhig werden,
wahrnehmen,
was um mich ist,
was mich stärkt und bedroht,
was mich freut und ärgert,
was mich fordert und fördert,
annehmen, was ist,
mich neu einstellen und ausrichten.

Mich immer wieder
der Hektik entziehen,
langsamer werden,
anhalten,
ruhig werden,
wahrnehmen,
was in mir ist,
dankbar sein für die Bilder,
die mir meine Seele schenkt.

Max Feigenwinter

Jetzt ruhig werden,
spüren,
was mich bewegt,
hören,
was mich auffordert,
sehen,
was mich beschäftigt.

Jetzt ruhig werden,
ganz bei mir sein,
zulassen,
was ist,
wachsen lassen,
was wird.

Ruhig werden,
staunen,
dankbar sein,
dass ich bin.

Max Feigenwinter

Den Sonntag begrüßen

Kleines Ritual für den Sonntagmorgen zuhause (vor dem
gemeinsamen Frühstück) oder in der Kirche (zur Eröffnung
des Gottesdienstes)

BEGINN
- mit einem der folgenden Texte: „Gott öffne unsere Herzen"
(S. 11), „Wir wünschen uns Licht" (S. 28) oder einem
Sonntagstext von Max Feigenwinter (S. 16-18)
- Morgenlied

LESUNG
- 1. Mose/Genesis 1,1-5
in Erinnerung an die Weltschöpfung, die mit der Erschaffung
des Lichtes begann:

Am Anfang schuf Gott Himmel und Erde;
die Erde aber war wüst und wirr,
Finsternis lag über der Urflut,
und Gottes Geist schwebte über dem Wasser.
Gott sprach: Es werde Licht.
Und es wurde Licht.
Gott sah, dass das Licht gut war.
Gott schied das Licht von der Finsternis,
und Gott nannte das Licht Tag,
und die Finsternis nannte er Nacht.
Es wurde Abend, und es wurde Morgen:
erster Tag.

■ Oder Johannes 1,1-5
in Erinnerung an die Neuschöpfung, die mit der Ankunft
Christi begann:

Im Anfang war das Wort,
und das Wort war bei Gott,
und das Wort war Gott.
Im Anfang war es bei Gott.
Alles ist durch das Wort geworden,
und ohne das Wort wurde nichts,
was geworden ist.
In ihm war das Leben,
und das Leben war das Licht der Menschen.
Und das Licht leuchtet in der Finsternis,
und die Finsternis hat es nicht erfasst.

LICHTSEGEN

Gesegnet seist Du, Herr unser Gott, König der Welt.
Am ersten Tag der Schöpfung
hast Du das Licht erschaffen.
Am ersten Tag der Woche
hast Du Deinen Sohn Jesus Christus,
das Licht der Welt,
von den Toten auferweckt,
um die neue Schöpfung zu beginnen.
Gesegnet seist Du, Herr unser Gott, König der Welt,

Du schenkst uns die Freude,
das Licht für den Tag des Herrn zu entzünden.

- Eine Kerze entzünden (wenn möglich die Osterkerze)

BEGRÜSSUNG DES SONNTAGS

Wir wollen nun den Tag des Herrn
in Freude und Frieden willkommen heißen:

- Einander ein Zeichen des Friedens geben
- Loblied (z. B. das Lied nach Psalm 118 „Nun saget Dank und lobt den Herren") oder Friedenslied
- Das Evangelium des Sonntags lesen

SEGENSGEBET

In der Frühe suche ich Dich,
herrlicher und heiliger Gott,
Licht, ewiger Glanz, schaffende Kraft,
und danke Dir für Deinen Tag.

Du schaffst Licht in der Finsternis,
Freude in den Traurigen,
Trost in den Schwermütigen,
Klarheit in den Verwirrten,
Leben in den Schwachen.
Schaffe Licht auch in mir in der Frühe
deines Tages.
Dein Wort ist das Licht. Rede zu mir.

Deine Wahrheit ist das Leben,
schaffe Leben in mir, dass ich den Tod
nicht fürchte.

Ich bitte Dich um Licht für alle Menschen,
die Guten und die Bösen,
um Frieden bitte ich Dich für eine friedlose Welt,
um Erbarmen für eine Welt des Hasses
und der Armut des Herzens.
Sei Du uns nahe, damit wir Dir nahe sind.
Heile uns, geleite uns, segne uns.
Wir danken Dir für Deinen Tag.

Jörg Zink

▪ Oder ein anderes Segenswort aus diesem Buch

Weitere Anregungen zur Begrüßung und Feier des Sonntags
finden Sie im Eschbacher Geschenkheft „Sonntäglich leben
– Von der Muße und anderen Künsten des Lebens",
hg von Martin Schmeisser, Verlag am Eschbach, 2001
(ISBN 3-88671-236-2).

Segne, mein Gott,
diesen Tag,
dass sich meine Seele
erfrischen kann
und mein Herz fröhlich wird.
Segne alle guten Gedanken,
die mich bewegen,
und alle Träume,
die mir aus der Tiefe
aufsteigen,
damit sie mir
durch ihre Farbigkeit helfen,
auch im grauen Alltag
innerlich gelöst
und bei mir selbst
zu sein.

Christa Spilling-Nöker

Gott,
der der Welt den siebten Tag
als Tag der Ruhe geschenkt hat,

segne dich
und die Stunden, die sich heute
vor dir ausbreiten,
damit du sie füllen kannst
mit Kreativität,
Phantasie und Lebenslust,

und behüte dich
bei jedem Schritt,
den du wagst,
zur Begegnung mit anderen
und mit dir selbst.

Gott lasse sein Angesicht
leuchten über dir,
dass sich die Schatten der
vergangenen Woche
im Glanz der Stille verlieren
und du neue Lebenslust gewinnst
bei Vergnügtsein und bei Spiel,

und sei dir gnädig,
dass sich die verwirrten Gefühle
und verworrenen Gedanken

entwirren lassen
zu dem klaren Faden,
der deinem Morgen
Richtung weisen kann.

Gott erhebe sein Angesicht auf dich,
dass du dich geliebt und
angenommen weißt
von Augenblick zu Augenblick
und den Kampf, dich stets
mit anderen messen zu müssen,
aufgeben kannst,

und gebe dir Frieden,
dass du all deine Sorgen
wenigstens für einen Tag
abstreifen kannst
und versöhnt sein darfst
mit der Welt
und mit dir.

*Christa Spilling-Nöker
zu 4. Mose/Numeri 6,24-26*

Segne, mein Gott,
diesen Tag der Ruhe,
segne den gleichmäßigen Fluss
meines Atems
und die Freiheit,
die mich still werden lässt
in dir.

Segne die Augenblicke,
in denen ich mich meinen Träumen
hingeben kann
und den schöpferischen Kräften
nachspüren darf,
die mir aus der Tiefe meiner Seele
zuwachsen,
um in der vor mir liegenden Woche
meine Aufgaben wieder
mit neuer Lebensenergie
anpacken zu können.

Segne, mein Gott,
diesen Tag der Ruhe,
damit ich ihn feiern kann
als eines deiner großen Geschenke
an mich.

Christa Spilling-Nöker

SEGEN FÜR DAS ALLTÄGLICHE

Das Heilige ist so nahe

Deinen Alltag heiligen
im Entdecken der göttlichen Hoffnungsspur
in deinem Leben
heilende Alltagszeichen weisen dir den Weg

Die Kaffeetasse
die von deiner Sehnsucht erzählt
zur Ruhe zu kommen

Der Küchentisch
der von deinem Urwunsch
nach Verwurzelung und Gemeinschaft geprägt ist

Der Spiegel
der dich verweist auf das Bedürfnis
wohlwollendes Ansehen zu erhalten

Zu Segenszeichen werden diese Alltagssymbole
wenn du im Unscheinbaren
das Himmlische entdeckst
deine Vertrauenszeichen offenbaren dir
Gottes Gegenwart
die uns alltäglich verheißen ist

Pierre Stutz

Wir wünschen uns Licht

Eines wünschen wir uns:
dass Gott freundlich ist und uns segnet.
Dass er uns Licht gibt, das Licht seiner Liebe,
damit wir auf unserer Erde wissen,
welche Wege wir gehen sollen,
und damit alle Völker das Ziel sehen,
zu dem er führen will.
Die Völker sollen dir danken, Gott,
danken sollen dir alle Völker.
Sie sollen sich freuen,
dass du Recht und Ordnung gabst
und deinen Willen behauptest
unter den Menschen.
Die Völker sollen dich preisen, Gott.
Preisen sollen dich alle Völker,
dass du ihr Leben erhältst
mit Frucht aus der Erde.
Gott segne uns,
dass auch aus unserem Herzen
Frucht wächst: Glaube und Dank.
Es segne uns Gott, und alle Welt ehre ihn.

Die Bibel: Psalm 67 übertragen von Jörg Zink

Für jeden Morgen soviel Licht
wie nötig ist
für den Schritt aus dem Dunkel –

Für jeden Augenblick soviel Liebe
wie nötig ist
um glücklich zu sein
und zu machen –

Für jeden Tag soviel Kraft
wie nötig ist
für das, was er fordert –

Für jeden Abend soviel Stille
wie nötig ist
um in Gelassenheit
die Nacht zu erwarten
und das Erwachen danach –

das schenke dir Gott!

Wilma Klevinghaus

Der Herr segne dich,
so wie die Sonne,
die die Blumen zum Leuchten bringt.

Der Herr segne dich,
so wie der Regen,
der den Pflanzen den Saft zum Leben gibt.

Der Herr segne dich,
so wie der Wind,
der die schwarzen Wolken vertreibt.

Der Herr segne dich,
so wie der Schnee,
der alles Schmutzige zudeckt.

Der Herr segne dich,
so wie der Tag,
der dich zum neuen Leben erweckt.

Der Herr segne dich,
so wie die Nacht,
die dir Ruhe gönnt von des Tages Lasten
und dich stärkt für neues Tun.

Kurt Rommel

Der helfend-heilende Gott,
Fülle allen Lebens,

umwärme dich
in deiner Verlorenheit

trage dich
in deiner Unsicherheit,

stärke dich
in deiner Orientierungslosigkeit,

belebe dich
in deiner Starrheit,

ermutige dich
in deiner Verzagtheit,

und richte dich auf
aus deiner Verkrümmtheit.

So sollst du befreit,
aufrecht und aufrichtig leben.

So sollst du gesegnet sein
Tag für Tag.

Christa Spilling-Nöker

IN DER MITTE DES TAGES

Innehalten in der Mitte des Tages
tief durchatmen
im Genießen des Essens und Trinkens
Gottes Zuwendung erleben

Innehalten in der Mitte der Arbeit
bewusst ein- und ausatmen
im aufrechten Dasitzen
Gottes Ermutigung
zum befreiten Leben erahnen

Innehalten mitten im Konflikt
atmend sich zentrieren
im Vertrauen in die
Verwandlungskraft aller Menschen
Gottes Versöhnungsspur folgen

Innehalten im Hunger und Durst
nach Solidarität
im Fließen des Atems
die mitfühlende Verbundenheit
mit der ganzen Schöpfung erspüren

Innehalten
zum Segen werden im Hier und Jetzt

Pierre Stutz

TISCHSEGEN

Überfluss des Lebens

So viele Farben und Formen –
warum?
Das Glitzern der Sterne –
warum?
Keine Schneeflocke gleicht der anderen! –
Warum?
Das Rieseln des Wassers –
warum?
All das dient keinem sichtbaren Zweck!
Es ist einfach da –
damit ich staune
und danke und singe

Anton Rotzetter

Und die anderen?

Gott,
wir haben Hunger
und dürfen satt werden.
Wir haben Durst,
und er wird gestillt.
Da ist jemand, der auf uns wartet,
und wir sind da.
Wir danken Dir!
Doch:
Andere haben Hunger
und werden nie satt,
haben Durst,
doch nur dreckiges Wasser.
Da ist niemand, der wartet,
und jemand ist allein.
Gott,
segne uns
und
sie!

Anton Rotzetter

Segne die Schöpfung

Großer Gott
Vater, der uns liebt
Mutter, die uns hält

Wir danken Dir
für jedes Senfkorn in unserer Hand
für jede noch so kleine Tat, die wir tun
für jedes kleine Wort, das wir hören
für jedes Stück Hoffnung, das sich zeigt
für jeden Augenblick,
in dem Deine Ewigkeit aufleuchtet

Wir bitten Dich
um Brot und feste Speise
um Wasser und um alle Lust beim Essen.
Segne die Schöpfung,
von der wir leben!

Anton Rotzetter

FRIEDENSSEGEN

Wieder kindlich
werden:
erwartungsfroh

wieder
staunen
lernen

Berührt
und gesegnet
werden

Berühren
und
segnen

Zeichen setzen
in einer Welt
der Sinnlosigkeit

Friedens-Zeichen
wider
die Botschaft
der Gewalt

Ernst Schlatter

Zum Entzünden einer Friedenskerze

Licht – eine kleine, schwache Flamme brennt.
Eine Kerze ist schnell wieder aus.
Schon ein kleiner Windzug löscht sie.
Und doch! Schon eine Flamme
bringt Licht in die Dunkelheit,
gibt Geborgenheit und Wärme.
Wie ist das erst, wenn viele Kerzen brennen.
Die Kerze soll uns ein Sinnbild sein und sagen:
Ein Mensch muss anfangen,
mit der Gewalt aufzuhören,
muss diesen Kreislauf unterbrechen,
wo Gewalt wieder Gewalt erzeugt.
Ein Mensch muss anfangen,
Gedanken des Friedens zu denken
und danach zu handeln –
wie Jesus es uns gezeigt hat.
Daraus kann eine Bewegung werden:
ein Lichtermeer, ein Friedensmeer gegen Gewalt.

Weitere Lichter an der Friedenskerze entzünden.

Rudi Kaiser

Herr Gott,
schenk deinen Segen
allen, die arm und hilflos sind,
schenk deinen Segen
denen, die mühselig und beladen sind,
schenk deinen Segen
den Millionen
von Flüchtlingen und Heimatlosen unserer Zeit,
schenk deinen Segen
denen, die die Wunder unserer Natur
retten wollen und können,
schenk deinen Segen
vor allem denen,
die den Frieden in unserer Welt herbeiführen
und bewahren wollen und können,
den Frieden,
der höher ist als alle Vernunft.

Eva Hönick

Gott segne uns
und behüte uns,
dass wir bewahrt bleiben
vor der Macht dunkler Kräfte in uns
und vor der Versuchung,
mit ihnen herrschen zu wollen
in der Welt.

Gott segne uns
und stärke uns,
dass wir die Angst überwinden
vor allem, was unser Leben bedroht,
und was zerstörerisch wirkt
in der Welt.

Gott segne uns
und erfülle uns mit Frieden,
dass wir mit uns selbst zur Ruhe kommen
und die gesammelten Kräfte einsetzen können
für den Frieden
in der Welt.

Christa Spilling-Nöker

Gott
du quelle des lebens
du atem unsrer sehnsucht
du urgrund allen seins

segne uns
mit dem licht deiner gegenwart
das unsre fragen durchglüht
und unsren ängsten standhält

segne uns
damit wir ein segen sind
und mit zärtlichen händen
und einem hörenden herzen
mit offenen augen
und mutigen schritten
dem frieden den weg bereiten

segne uns
da wir einander segnen
und stärken
und hoffen lehren
wider alle hoffnung
weil du unserem hoffen
flügel schenkst

amen
so sei es
so ist es
amen

Katja Süß

Geht, die ihr glauben könnt,
und tragt den Glauben in die Welt!

Geht, ihr Geretteten,
und tragt die Hoffnung in die Welt!

Geht, ihr Erwärmten,
tragt die Wärme in die Welt!

Geht hin, ihr Fröhlichen,
tragt eure Freude in die Welt!

Geht, ihr Geliebten,
tragt die Liebe in die Welt!

Geht, ihr Erleuchteten,
und tragt das Licht in unsre Welt!

Geht, ihr Gesegneten,
tragt Gottes Segen in die Welt!

Wilma Klevinghaus

SEGEN ZUR NACHT

Ich schaue dem vergehenden Tag nach
und sammle, was gut war,
in meine Erinnerung.
Fragen bleiben zurück.
Ich weiche ihnen nicht aus.
Ich gebe das Ungelöste
aus der Hand.
Ich schließe Frieden
mit diesem Tag,
wo er hinter meiner Erwartung
zurück blieb,
Frieden mit meinen Grenzen.
Dich suche ich,
du große Kraft,
die mich durch meine Tage
und Nächte trägt.
Lass mich aufgehoben sein in dir,
wenn der Schlaf mich mit sich nimmt
einem neuen Morgen entgegen.

Antje Sabine Naegeli

Ruach
göttlicher atem
sanfter wind
sturm

segne uns
in diese nacht hinein
als leises säuseln

das unsere fragen
zur ruhe bringt

unsere wunden
kühlt

unsere starrheit
löst

segne uns
da wir
einander
segnen

amen

Katja Süß

Gott,
Sonne des Tages
und Stern in der Nacht,
segne dich,
dass du nach all den Anstrengungen,
die hinter dir liegen,
jetzt zur Ruhe kommst,
und behüte dich,
dass du dich in allem,
was dich an Ängsten umtreibt, getragen weißt,

Gott lasse sein Angesicht leuchten über dir,
dass dir in dem, was dir heute noch
aussichtslos erscheint,
morgen wieder ein neuer Weg sichtbar wird,
und sei dir gnädig,
dass die Erschöpfung neuer Zuversicht weicht
und die Freude wieder aufblüht in dir.

Gott erhebe sein Angesicht auf dich,
dass sich seine Zärtlichkeit widerspiegelt
im Anblick eines jeden Menschen, den du liebst,
und gebe dir Frieden,
dass du dein Leben annehmen kannst,
so, wie es ist.

Christa Spilling-Nöker zu 4. Mose/Numeri 6,24-26

Immer noch gibt es Augenblicke,
da spüren wir in uns den Anhauch
von Ruhe und Gelassenheit.
Vielleicht können wir dann die Leiter
sehen aus Jakobs Traum
mit den Engeln,
die daran hoch- und niedersteigen.
Hernieder zu uns
in die Tiefe unserer steinigen Wege,
sich herabneigend
und den Segen Gottes zu uns tragend.
Vielleicht können wir dann auf die
unterste Sprosse der Leiter treten,
die Unruhe loslassen,
die uns umgibt,
Segen empfangen
und Segen weitertragen
an Menschen
in unserer Nähe.

Barbara Cratzius zu 1. Mose/Genesis 28,10-22

Für das Jahr

Es war irgendwo in einem Hotel. Ich kam spät in der Nacht und betrat mein Zimmer. Gedämpftes Licht kam aus einer Lampe in der Ecke, die Balkontür stand offen. Draußen war nichts zu erkennen. Es war stockfinstere Nacht. Ich konnte nicht einmal sehen, ob draußen ein Balkon war oder ob ich, wenn ich den Schritt über die Schwelle setzte, fünf Stockwerke tief abstürzen würde. Ich tastete mit dem Fuß hinaus und trat auf einen unsichtbaren, aber festen Boden.

Die Sache mit dem Balkon fällt mir ein, wenn ich über den Schritt in ein neues Jahr nachdenke. Man verlässt einen Raum, geht durch eine Tür ins Dunkel und verlässt sich darauf, dass auch der nächste Schritt Halt findet. Denn noch ist nicht zu sehen, wohin man tritt.

Nun sagt der alte Segensspruch „Der Herr behüte deinen Ausgang und Eingang" (Psalm 121,8): Geh mit Vertrauen über die Schwelle. Du betrittst ein neues Jahr „des Herrn". Du wirst behütet sein, wenn du das alte verlässt und wenn du das neue betrittst. Was aber ist denn die Gefahr beim Schritt über die Schwelle, dass es so nötig erscheint, behütet zu sein?

Wer ein Jahr verlässt, versucht wegzulegen, was gewesen ist. Vielleicht auch, es zu vergessen, es zu verdrängen, zu entschuldigen. Vielleicht klagt er sich selbst an, vielleicht wirft er Gott vor, es hätte alles nicht so laufen dürfen. Vielleicht zieht er resigniert die Summe: Wieder ist nichts gewesen. Und vielleicht sagt er am Ende, nachdem er sechzig oder siebzig mal die Schwelle der Jahre überschritten hat: Das also soll nun das Leben gewesen sein! Der Herr, so sagt der Segensspruch, behüte dich vor all dem, so dass du dein Jahr dankbar und gelassen ihm in die Hand legen kannst.

Wer ein neues Jahr betritt, hat mit Sorge zu tun, mit Angst, aber auch mit der Fülle seiner Pläne, seiner guten Vorsätze. Vielleicht auch mit seinem allzu naiven Selbstvertrauen: Ich werde es schon schaffen! Oder mit der Versuchung, sich im neuen Jahr in der Angst vor allzu vielen gefahrbringenden Mächten totzustellen, damit keiner ihm etwas tut. Der Herr, so sagt der Segensspruch, behüte dich vor all dem. Du darfst Tag um Tag mit Vertrauen aus seiner Hand nehmen, was kommt, gelassen, fast ein wenig fröhlich, – wenn es denn ein Grund zur Fröhlichkeit ist, dass du dich um den Sinn deines Lebens nicht zu sorgen brauchst.

Jörg Zink

NEUJAHRSSEGEN

Ich wünsche dir
ein gesegnetes Jahr,
Zeiten, in denen du erfüllende
und bereichernde Erfahrungen machst,
Augenblicke des Glücks,
die deine Seele aufjauchzen lassen
vor Freude,
weil dir ein Stern vom Himmel fällt
und die verborgenen Träume der Nacht
am Tage zum Leben
erwachen.

Christa Spilling-Nöker

Der Herr segne dich
in dem neuen Jahr, das vor dir liegt.

Der Herr behüte dich
bei deinen Vorhaben und deinem Planen.

Der Herr lasse sein Angesicht leuchten über dir,
über deinen Wegen durch Tiefen und über Höhen.

Der Herr sei dir gnädig
bei deinem Tun und Lassen.

Der Herr erhebe sein Angesicht auf dich,
auf deine Wünsche und Hoffnungen.

Der Herr gebe dir Frieden,
innerlich und äußerlich, zeitlich und ewig.
Amen.

Kurt Rommel zu 4. Mose/Numeri 6, 24 - 26

SEGENSWORTE ZUM GEBURTSTAG

Ein Lebensjahr ist vergangen,
ich danke dir dafür.
Du hast mich geführt durch alle hellen
und dunklen Stunden,
du bist mir nahe gewesen Tag und Nacht.

Ich bitte dich für das neue Jahr
und den Weg meines Lebens:
Bewahre mich vor allem Unglück,
schütze mich in Gefahren,
erhalte mir Gesundheit und Schaffenskraft.

Dir befehle ich mich,
dir will ich gehören und dienen,
dich will ich loben.
Segne, was ich tue und rede,
damit durch mein Leben deine Liebe leuchte.

Gottfried Hänisch

Glückwunsch

In deinem neuen Lebensjahr
sei begleitet und behütet
auf der Straße, in der Wüste,
im Gebirge, im Labyrinth des Lebens.
Nimm dich, wie du bist,
sei eine Freude denen, die dich lieben.

Bleibe geduldig, wenn etwas schief geht;
langmütig, wenn die Lage schwierig ist;
besonnen, wenn das Leben dich verwirrt.
Das Leben blüht für dich hinter allen Gittern.

Stehe denen bei, denen das Leben
Schwieriges zumutet.
Sei offen zu denen,
die in Not sind.
Neige dich mitfühlend denen zu,
die in ihrer Seele verstört
und traurig sind.

Liebe das Leben in all seiner Pracht,
bewahre dir den inneren Frieden.
Falle nicht aus Gottes Hand.
Dein Engel wird dich begleiten.

Jürgen Schwarz

Der Herr segne dich
Er erfülle dein Herz mit Ruhe und Wärme,
deinen Verstand mit Weisheit,
deine Augen mit Klarheit und Lachen,
deine Ohren mit wohltuender Musik,
deinen Mund mit Fröhlichkeit,
deine Nase mit Wohlgeruch,
deine Hände mit Zärtlichkeit,
deine Arme mit Kraft,
deine Beine mit Schwung,
deine Füße mit Tanz,
deinen ganzen Leib mit Wohlbefinden.
So lasse der Herr
alle Zeit seinen Segen auf dir ruhen.
Er möge dich geleiten und beschützen,
dir Freude schenken dein Leben lang,
dir Mut zusprechen in schweren Zeiten.

Heinz Pangels
nach einem Segen aus Afrika

Gott sei dein Hirte,
der dir das geben möge,
was du zum Leben brauchst:
Wärme, Geborgenheit und Liebe,
Freiheit und Licht –

und das Vertrauen
zu Ihm,
zu deinen Mitmenschen
und zu dir selbst.

Auch in dunklen Zeiten
und schmerzhaften Erfahrungen
möge Gott dir beistehen
und dir immer wieder Mut
und neue Hoffnung schenken.
In Situationen der Angst
möge er in dir die Kräfte wecken,
die dir helfen, all dem,
was du als bedrohlich erlebst,
standhalten zu können.

Gott möge dich
zu einem erfüllten Leben führen,
dass du sein und werden kannst,
wie du bist.

Christa Spilling-Nöker nach Psalm 23

Weitere Segensworte zu Geburtstagen finden Sie unter:
Neujahrssegen (S. 48), Am Jahresende (S. 65), Wegsegen
(S. 73), Für Freunde und Lebenspartner (besonders S. 82)
und Lebenssegen (S. 108).

FRÜHLINGSSEGEN

Wenn ich „Segen" denke,
kommt mir der Frühlingsregen
in den Sinn,
der uns den Duft der Erde
atmen lässt
und
– sich dem Sonnenlicht verbündend –
die Kargheit kahler Winteräste
in lichtes Grün verwandelt.

Mit jedem Frühlingstag
wächst in mir die Sehnsucht,
dass einer nicht müde wird,
behutsam regnen zu lassen
auf die Dürre meiner Tage,
das verborgene Leben
beharrlich hervorzulocken,
bis es sich endlich
ans Licht wagt.

Antje Sabine Naegeli

Erde und Himmel

Auf die Erde kauern, die Hände auf den Boden legen:

Die Kraft
aus den Tiefen der Erde

allmählich aufstehen und die Hände am Körper entlang
führen bis zum Kopf:

steige in uns auf
wie der Saft im Frühjahr
die Blumen blühen lässt.

Die Arme in die Höhe recken die Kraft vom Himmel holen
und wieder mit den Händen dem Körper zuführen – bis
hinunter zur Erde.:

Die Kraft
aus den Höhen des Himmels
senke sich auf uns
wie der Tau in der Nacht
der die Erde feuchtet.

Aufstehen, die Hände an die Brust halten und allmählich in
die Weite der Welt strecken:

Die Kraft aus der Mitte schütze uns
erfülle uns
öffne uns. Amen.

Anton Rotzetter

SEGEN FÜR DIE SOMMERZEIT

Ich wünsche dir
bunte Sommerfarben
ins Gewebe deiner Tage,
dass du graue Zeiten
bestehen kannst,
ohne in Hoffnungslosigkeit
zu versinken.

Ich wünsche dir
helle Töne der Heiterkeit
in die Melodie deines Lebens,
Befreiung zu Leichtigkeit
und Tanz
ohne fliehen zu müssen
vor den Niederungen.

Ich wünsche dir
guten Boden
unter deine Füße,
deine Wurzeln hineinzusenken
und genügend Halt zu finden,
um nicht heimatlos zu bleiben
auf dieser Erde.

Antje Sabine Naegeli

Gott segne die Blumen an deinem Lebensweg,
ihre Farbe soll dich frohmachen,
ihr Duft soll dich trösten,
ihre Beständigkeit soll dir Frieden bringen.

Gott sende dir viele Blumen,
dass dein Vertrauen wachse,
dass deine Hoffnung bestehe,
dass deine Liebe blühe.

Gott gebe deinem Leben die Kraft zu blühen,
Liebe zu verschenken,
Freude weiterzutragen,
Hoffnung zu wecken.

Der Segen des lebendigen Gottes
sei mit dir.

Helmut Kraft

FÜR UNTERWEGS

Wenn dich die Ferne lockt
und das Abenteuer unbekannter Länder
in die Fremde aufbrechen lässt,
dann wünsche ich dir,
dass du all das Neue,
dem du unterwegs begegnest,
ganz in dich aufnehmen kannst,
dass es deine Seele weitet
und so zu einem Teil von dir selbst wird.

Bleibe behütet,
dass dir unterwegs kein Unheil geschieht
und keine Krankheit deine Freude lähmt,
damit du, bereichert durch all das Schöne,
das du erleben durftest,
erholt in deinen Alltag zurückkehren kannst.

Christa Spilling-Nöker

Mögest du auf all deinen Wegen
beschützt und bewahrt sein.

Der Wind stärke dir den Rücken.
Die Sonne erwärme dein Gesicht.
Der Regen erfrische dein Leben.
Alle Orte sollen dir Heimat werden.
Alle deine Wege mögen zu guten
Zielen führen.

Mögen dich deine Wege
in neue Richtungen führen.
Mögest du Mut haben,
schwankenden Boden zu betreten
und zu neuen Ufern aufzubrechen.
Mögest du Neuland gewinnen.
Gott halte dich schützend in seiner Hand.

Freundliches Wetter möge dich begleiten,
der Wind stärke dir den Rücken –
und mögest du längst im Himmel sein,
bevor der Teufel es bemerkt.

Irischer Reisesegen
neu gefasst von Jürgen Schwarz

Weitere Segensworte für unterwegs finden Sie unter: Wegsegen
(S. 73-79).

SCHÖPFUNGSSEGEN

Herr, unser Schöpfer
gesegnet hast du deine Geschöpfe,
Menschen und Tiere,
aus deiner Hand kommen sie und wir.
Deine Liebe hat uns zusammengebracht.
Wir haben uns von dir entfernt
und darum die Mitgeschöpfe preisgegeben
an Willkür, Ausbeutung und Experiment.

Herr, dein Segen bringe uns wieder zusammen.
Lass uns den Regenbogen erkennen,
der über uns und sie gespannt ist.
Mache uns wieder dankbar für dein Geschenk;
öffne uns die Augen für den Reichtum
dieser Erde.

Segne uns durch neues Staunen.
lass uns auf die Sprache achten,
die Bruder und Schwester Tier sprechen,
lass uns achten auf die Sprache
von Pflanzen, Blumen und Bäumen.

Segne uns durch neue Freude über alle Geschöpfe
und halte uns verbunden in dir.

Eberhard Röhrig

ADVENT UND WEIHNACHTEN

Geh deinen inneren Weg
durch die Tage des Advents.
Bewahre dir, wenn es möglich ist, Zeit,
in der der Atem ruhig geht,
in der nicht gehetzt und gerannt wird.
Es soll ja etwas in dir selbst geschehen.
Richte deine Gedanken und Erwartungen
auf das, was sich lohnt.
Einen gesegneten Advent wünsche ich dir.

Jörg Zink

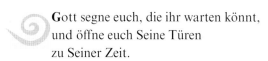

Gott segne euch, die ihr warten könnt,
und öffne euch Seine Türen
zu Seiner Zeit.

Gott segne euch, die ihr lauschen könnt,
und senke in eure Ohren
Sein gutes Wort.

Gott segne euch, die ihr staunen könnt,
und erfülle eure Herzen
mit Seinem Licht.

Gott segne euch, die ihr glauben könnt,
und lasse euch schauen
Seine Verheißung.

Gott segne euch, die ihr lieben könnt,
und mache euch zu Feuern
in Dunkel und Eis.

Wilma Klevinghaus

Möge gott
neu in dir zur welt kommen

möge gottes gegenwart
dein leben hell machen

möge dir kraft zuwachsen
selbst mehr und mehr
mensch zu werden

Katja Süß

Es segne dich der barmherzige
und liebende Gott,
der in Jesus Christus
im Stall von Bethlehem
selbst Mensch geworden ist.

Er erfülle dein Herz
mit seiner heilig-heilenden Kraft
damit deine seelischen Wunden heilen
und du an deinem Menschsein
begeistert Freude finden kannst.

Er möge dein Herz dazu bewegen,
immer wieder neue aufzubrechen
und dich unermüdlich einzusetzen
für ein menschenwürdiges Leben
überall auf der Welt.

Christa Spilling-Nöker

AM JAHRESENDE

Nicht, dass von jedem Leid verschont
du mögest bleiben,
noch dass dein künftger Weg
stets Rosen für dich trage
und keine bittre Träne deine Wange netze
und niemals du den Schmerz erfahren mögest –
dies alles wünsche ich dir nicht.
Mein Wunsch für dich ist vielmehr dieser:
Mögest du kostbare Erinnerungen an die guten
Dinge des Lebens bewahren in deinem Herzen.
In dir wachse jene Gottesgabe,
die die Herzen derer froh macht, die du liebst.
Mögen dir Menschen begegnen,
die deiner Freundschaft wert sind,
denen du Vertrauen schenkst,
wenn Licht und Kraft dir mangeln.
Auf allen deinen Wegen halte den Stürmen
des Lebens stand,
bis du dein Ziel erreichst.
Möge mit dir sein in Freud und Leid
das Lächeln des Gottessohnes,
und du mit ihm so innig verbunden,
wie er dies für dich wünscht.

Irischer Weihnachtssegen neu gefasst von Jürgen Schwarz

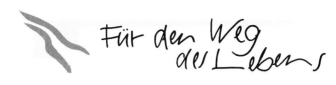

Für den Weg des Lebens

Eines Nachts, als niemand ihn sah, ging der alte Rabbi Nikodemus zu Jesus, um mit ihm über das Reich Gottes zu reden. Aber Jesus redete nicht über das Reich Gottes mit ihm, sondern über das, was hier schon in ihm selbst geschehen müsse. Du musst, sagte er, von neuem geboren werden. Wenn mein Wort in dich fällt und du es bewahrst, so dass es in dir Raum findet und wächst, dann entsteht in dir ein neuer Mensch wie ein Kind. Dann entstehe ich in dir (vgl. Johannes 3,1-13).

In dir selbst soll also eine Art Schöpfungsgeschichte sich abspielen. Gott sendet seinen Geist. Du, Mensch, nimmst ihn auf. Und der Geist, der die Welt schuf, verbindet dich mit den Ursprungskräften der Schöpfung. Es entsteht etwas in dir. Und was da entsteht, bist du selbst und es ist doch ein ganz neues Geschöpf: Es ist Christus in dir.

Du bist also, anders gesprochen, etwas wie ein Garten oder ein Feld. Da soll nun etwas aufwachsen, blühen, Frucht bringen. Du bist gesegnet. Nun lebe, wachse, gedeihe. „Deine Seele", sagt der

Prophet Jesaja, „soll sein wie ein wasserreicher Garten" (Jes 58,11).

Es wächst also etwas in uns. Und so nötig es ist, Gott zu glauben, obwohl wir ihn nicht sehen, das Reich Gottes zu glauben, obgleich wir es nicht sehen, die Auferstehung zu glauben, obgleich sie erst vor uns liegt, so nötig ist es auch, diesen neuen Menschen in uns zu glauben trotz alles Dunklen und Schattenhaften in uns, trotz alles Krummen und Zweideutigen, das wir an uns selber sehen. Das meiste, das in uns ist, ist uns ohnedies nicht zugänglich, und letztlich ist uns unser eigenes Geheimnis ebenso verborgen wie das Geheimnis Gottes. Im Grunde müssen wir alles, was wichtig ist in diesem Leben, glauben. Die Liebe müssen wir glauben. Es gibt keine Beweise für sie. Den Sinn unserer Lebensarbeit müssen wir glauben. Es gibt letztlich keine Erfolgskontrolle. Wir werden allem, was wirklich wichtig ist, erst begegnen, wenn wir einmal die Augen geschlossen und sie auf der andern Seite neu aufgeschlagen haben werden. Auch uns selbst werden wir dann, so denke ich, zum ersten Mal so wahrnehmen, wie wir wirklich sind.

Aber was muss geschehen, dass aus dem Erdreich unserer Seele etwas aufwächst? Die Bibel spricht an diesem Punkt vom Segen Gottes. Nehmen wir an: Der Acker ist trocken. Es liegt Saat in ihm, aber er ist trocken. So wächst nichts. Nun setzt Regen ein. Die Saat geht auf und wächst. Der Regen segnet, sagen wir, das heißt, er hilft, dass etwas aufgeht, dass etwas gedeiht. Wenn Gott seinen Segen über uns ausspricht, dann wächst in uns etwas, es reift eine Frucht. Und aus der Erde, von der scheinbar nichts zu erwarten war, wächst das verborgene Neue und äußert sich in Vertrauen und Dankbarkeit.

Wenn Segen über einem Leben waltet, hat es Sinn. Es wirkt lösend, fördernd, befreiend auf andere. Versuche glücken, Werke gelingen. Die Mühe zehrt das Leben nicht aus, sie kommt als innerer Ertrag zurück. Am Ende steht nicht die Resignation, sondern eine Ernte. Ein alternder Mensch, dessen Leben gesegnet ist, geht nicht zugrunde, er reift vielmehr, wird klarer und freier. Die Bibel sagt von einem gesegneten Menschen: Er stirbt lebenssatt, wie einer von einer guten Mahlzeit aufsteht.

Segen ist eine Kraft, wie die, die wir die „Gnade" nennen. Denn man kann den Segen nicht machen. Er kommt oder er kommt nicht, wie der Regen und die Sonne kommen oder nicht kommen.

Dass ein Mensch dem begegnet, den er lieben kann, das kann er nicht machen. Es ist Gnade.

Und sein Leben wird gesegnet. Alles Begegnen ist Gnade, alles Finden und Zusammenbleiben, alle Bewahrung vor Gefahr und Unheil, aller Friede ist Gnade. Ob ein Mensch zu seiner eigenen, eigentlichen Gestalt heranreifen darf, das kann er nicht machen. Dass sein Werk gelingt, dass er bewahrt bleibt vor schwerer Verschuldung, das ist Gnade. Es ist Gnade, wenn die Kräfte des Wachstums, der Lebendigkeit, der schöpferischen Vitalität erwachen und wenn am Ende etwas bleibt, das einer dem andern weiterreichen darf.

Halten Sie das fest: In Ihnen soll etwas wachsen und reifen. Es soll Lebenskraft von Ihnen ausgehen. Über Ihnen ist Gott wie der Himmel, unter Ihnen ist er wie die Erde, um Sie her wie Luft und Wind, in Ihnen selbst wie das Licht. Sie sind in ihm und Sie leben, damit unsichtbar in Ihnen der neue Mensch entsteht, der das Leben findet, wenn der alte stirbt. Sie sind ein Garten Gottes. Nehmen Sie das an und vertrauen Sie darauf. Und Gott gebe Ihnen die Augen, die nötig sind, damit Sie das Wunder schauen, wenn er will.

Jörg Zink

ZUR GEBURT EINES KINDES

Sei willkommen
kleines Menschenkind
erfülle uns mit der Hoffnung
dass uns allen Zukunft verheißen ist

Sei angenommen vor aller Leistung
erinnere uns, wie wir alle
An-sehen, Verwandlung
Verwurzelung brauchen
um mit allen Sinnen
mit Leib und Seele
mehr Mensch werden zu können

Sei anerkannt
in deinem Lebensschrei
deiner Verletzlichkeit
hole uns hinein ins richtige Lot
lass uns durch dich erkennen
wie wir getragen
gut aufgehoben
gesegnet sind

Pierre Stutz

Noch ehe deine Füße
eigne Schritte tun,
weiß Gott den Weg für dich
und führt dich deine Pfade.

Noch ehe deine Lippen
die ersten Worte sprechen,
ist Sein Wort über dir,
sagt: du bist Mein.

Noch ehe das Leben dich
fordernd empfängt,
weiß Er sich gefordert,
deine Hilfe zu sein.

Noch ehe du antworten kannst,
umhüllt dich Sein Segen.
Er bleibe bei dir.

Sein Friede geleite dich.
Seine Güte erfreue dich.
Seine Kraft stärke dich.
Seine Gnade erhalte dich.
Seine Treue bewahre dich.
Sein Segen weiche nicht von dir!

Wilma Klevinghaus

Möge diesem kleinen Kind
auf allen Wegen seines Lebens
ein Engel zur Seite stehen,
um es zu behüten
und vor Gewalt, Missbrauch
und jeglichen Verkrümmungen
seiner zarten Seele
stets zu bewahren.

Möge es aufwachsen
in der Obhut von Liebe
und vertrauensvoller Wärme.
Mögen ihm Menschen entgegenkommen,
die den Impulsen seines Herzens
mit Verständnis begegnen
und seine Schritte auf den Weg
des Friedens lenken.

Christa Spilling-Nöker

WEGSEGEN

Segnende Hände

Zwei hände
berühren ein haupt
zärtlich, bestimmt
und teilen aus
teilen mit:

ich gebe dir etwas mit
von meiner kraft
und teile mit dir
meine freude
ich möchte dir
hoffnung mitgeben
ich habe dich gern
ich traue dir etwas zu
und bin für dich
mitverantwortlich
ich begleite dich
ich will für dich dasein
dich ermutigen
und mittragen
du bist etwas wert
und hast einen auftrag
den du erfüllen sollst

ganz als mensch
mit gottes kraft

und jetzt und heute
sollst du damit beginnen
denn du bist gesegnet
um segen zu sein

Almut Haneberg

Gott, segne uns!
Der Du Vater bist und Mutter:
Wirf Deinen zärtlichen Blick auf uns
und die ganze Welt.
Der Du Weggefährte bist,
Bruder und Freund
und Jesus von Nazaret heißt:
Nimm uns bei der Hand und führ uns Wege,
die zum Leben führen.
Der Du Geist bist und Licht, Liebe und Leben
und uns allen ins Herz gegeben bist:
Lass Dich uns erfahren als kostbaren Schatz.

Anton Rotzetter

Gott,
Schöpfer und Erhalterin
allen Lebens,
segne dich
auf deinem Weg ins Leben
und behüte dich
bei allem, was du riskierst
und auszuprobieren wagst.

Gott lasse sein Angesicht leuchten über dir,
dass sich dir in allen Unsicherheiten
immer wieder eine Hand entgegenstreckt,
die dich hält,
und sei dir gnädig,
dass dich alle deine Verfehlungen
und Irrwege ans Ziel bringen.

Gott erhebe sein Angesicht auf dich,
dass dir vieles von dem, was du dir vornimmst,
gelingen möge,
und gebe dir Frieden,
dass dein Leben glücklich wird
und sich erfüllt.

Christa Spilling-Nöker
zu 4. Mose/Numeri 6,24-26

Kraft zum Unterwegssein
wünsche ich dir:
Gottes Bestärkung in deinem Leben

Mut zur Versöhnung
wünsche ich dir:
Gottes Wohlwollen in deinem Leben

Grund zur Hoffnung
wünsche ich dir:
Gottes Licht in deinem Leben

Vertrauen zum Miteinander
wünsche ich uns:
Gottes Verheißung, sein Volk zu sein

Begeisterung zum Aufbruch
wünsche ich uns:
Gottes Wegbegleitung und Segen

Pierre Stutz

Sei gesegnet von Gott.
Er gehe dir voraus
und zeige dir den rechten Weg.

Gott sei nahe bei dir
und lege seinen Arm um dich.
Er sei hinter dir,
dich gegen alle dunkle Macht zu bewahren.

Gott sei unter dir,
dich aufzufangen, wenn du fällst.
Er sei neben dir,
dich zu trösten, wenn du traurig bist.

Gott sei in dir,
dich zu heilen.
Er sei um dich her,
dich zu schützen in der Angst.

Er sei über dir
wie die Sonne am Himmel
und stärke dich mit seiner Kraft.

Er segne und behüte
deinen Ausgang und Eingang
von nun an bis in Ewigkeit.

Jörg Zink
nach einem alten irischen Reisesegen

Gott segne dir den Weg, den du nun gehst.
Gott segne dir das Ziel, für das du lebst.
Sein Segen sei ein Licht um dich her
und innen in deinem Herzen.
Aus deinen Augen strahle sein Licht
wie zwei Kerzen in den Fenstern eines Hauses,
die den Wanderer einladen, Schutz zu suchen
vor der stürmischen Nacht.
Wen immer du triffst,
wenn du über die Straße gehst,
ein freundlicher Blick von ihm möge dich treffen.
Gott schütze dich! Geh in seinem Frieden.

Nach einem alten irischen Reisesegen

Gott segne deinen weg
die sicheren und die tastenden schritte
die einsamen und die begleiteten
die großen und die kleinen

gott segne deinen weg
mit atem über die nächste biegung hinaus
mit unermüdlicher hoffnung
die vom ziel singt, das sie nicht sieht
mit dem mut, stehenzubleiben
und der kraft, weiterzugehen

gottes segen umhülle dich auf deinem weg
wie ein bergendes zelt
gottes segen nähre dich auf deinem weg
wie das brot und der wein
gottes segen leuchte dir auf deinem weg
wie das feuer in der nacht

geh im segen
und gesegnet bist du segen
wirst du segen
bist ein segen
wohin dich der weg auch führt

Katja Süß

FÜR FREUNDE UND LEBENSPARTNER

Gott
uns mutter und vater
bruder und schwester
freundin und freund
segne dich
mit der weite des himmels
und der lebenskraft der erde
mit der klarheit des wassers
und der glut des feuers
mit zärtlichen händen
und einem hörenden herzen
gott segne dich
damit du ein segen bist
für mensch und tier
blume und wald
himmel und erde

amen
so sei es
so ist es
amen

Katja Süß

Gott segne dich und fülle dein Herz
und deinen Tisch und dein Haus
mit dem, was du zum Leben brauchst,

und lasse dich zum Segen werden für die,
die bedürftig sind,
dass du ihnen das Herz
und den Tisch und das Haus
füllst mit dem,
was ihre Not wenden kann.

Christa Spilling-Nöker

Gott behüte dich also.
Er segne die Wände deines Hauses,
die dich vor dem Wind
und vor der Angst schützen.

Er segne das Dach, das den Regen abwehrt
und alle Drohung.
Er segne den Fußboden,
der deinem Tritt Festigkeit gibt.
Er segne das Feuer in deinem Haus,
das dich bewahrt vor der Kälte
und vor der Verlassenheit.
Er segne deine Bank und deinen Tisch,
an dem du das Brot findest und den Wein.
Er segne deine Fenster
und sende dir viel Licht und freien Blick.
Er segne deine Tür,
so dass die Kommenden bei dir
ein gutes Willkommen finden und einen Menschen,
der ihnen ohne Angst begegnet.

Er segne, liebe Freundin, lieber Freund,
dein Weggehen und dein Heimkommen
jeden Morgen, jeden Abend,
heute und morgen und für immer.

Jörg Zink

Segenswort, das sich die Brautleute gegenseitig bei
der Trauung zusprechen:

Ich will dich lieben
und dir treu sein mein Leben lang.
Ich traue dir zu,
dass du auch dir selbst
auf unserem gemeinsamen Weg
treu bleiben kannst.
Ich vertraue darauf,
dass meine Nähe
dich dazu bewegt,
immer wieder Neues in dir zu entdecken,
damit du werden kannst, der/die du bist.

Christa Spilling-Nöker

Wunschzettel für die Partnerschaft

Ich wünsche euch:
dass ihr euch aneinander freut
und miteinander viel Freude habt –

dass ihr eure Wünsche verwirklichen könnt
und euch gemeinsam immer wieder
neu Ziele setzt –

dass ihr schwere Zeiten miteinander durchsteht
und eure Beziehung sich dadurch immer wieder
verwandelt und erneuert –

dass ihr bei Uneinigkeit oder Streit
immer wieder zueinander findet
und einander vergeben könnt,
wenn ihr euch gegenseitig weh getan habt –

dass ihr euch stets einander anvertrauen könnt,
so dass sich einer beim anderen geborgen
und zu Hause fühlen kann –

dass ihr offen bleibt
für eure Freundinnen und Freunde
und Begegnungen mit anderen Menschen
als Bereicherung für euere Beziehung erfahrt –

dass ihr gegenseitig in euch
immer wieder neue Kräfte weckt
und Neues aus euch herauslieben könnt –

dass ihr immer wieder eins seid
mit Leib und Seele
und jeder sich in der Hingabe an den anderen
selbst finden kann.

Christa Spilling-Nöker

Gott lasse euch wachsen und gedeihen,
wie der Regen segnet,
wie er die Erde fruchtbar macht.
Er gebe euch Glück.
Er mache eure Hoffnungen wahr.
Er gebe euch Frieden,
Unversehrtheit, Geborgenheit, Schutz.
Er gebe euch das Heil des Leibes
und das Heil der Seele.
Er gebe euch Vertrauen
und mache euch dankbar.

Jörg Zink

HAUSSEGEN

Gott, segne dieses Haus
und alle, die hier wohnen
für kurze Zeit oder auf Dauer,
dass wir einander Heimat schenken.

Segne unsere Liebe,
dass die Umarmung nicht
zur Umklammerung
und die gereichte Hand nicht
zur Fessel wird.

Segne unsere Träume und Sehnsüchte,
dass sie uns nicht blind machen
für die Wirklichkeit des Lebens.

Segne unsere Schwächen,
dass sie anderen nicht zum Unheil werden.

Segne unseren guten Willen,
dass er nicht in Selbstgefälligkeit ausartet.

Segne unseren Frieden,
dass er die Unruhe Deines lebendigen Geistes
in uns nicht erstickt.

Segne unseren Tod,
damit wir nicht aus Furcht vor ihm

das Leben verlernen,
sondern ihn im Herzen tragen
als eine willkommene Brücke zu Dir.

Segne dieses Haus und alle Bewohner.

VerfasserIn unbekannt

Die Freundlichkeit Gottes
segne dieses Haus!
Das Lächeln des Himmels
sei über diesem Haus!
Die Güte eines liebenden Gottes
sei in diesem Haus!

Hans Wallhof nach einem Haussegen aus Schlesien

IN SCHWERER ZEIT

Auch den dunklen Stunden
wohnt bisweilen
ein Sinn inne,
der erst im Nachhinein
erkennbar wird.
Manches,
was uns heute
verzweifeln lässt,
verwandelt sich morgen
zum Segen.

Christa Spilling-Nöker

Gesegnet deine Trauer,
dass du nicht erstarrst vor Schmerz,
sondern Abschied nehmen
und dich behutsam lösen kannst
ohne dich verloren zu geben.

Gesegnet deine Klage,
dass du nicht verstummst vor Entsetzen,
sondern herausschreien kannst,
was über deine Kraft geht
und dir das Herz zerreißt.

Gesegnet deine Wut,
dass die Entmutigung dich nicht überwältige,
sondern die Kraft in dir wachse,
für dich zu kämpfen,
trotzdem dein Leben zu wagen.

Gesegnet deine Einsamkeit,
dass du Raum findest, Vergangenes zu ordnen
ohne schnellen Trost zu suchen
und in blinder Flucht
neues Unheil auf dich herabzuziehen.

Gesegnet du,
dass du Unsicherheit aushalten
und Ängste bestehen kannst,
bis du wieder festen Grund spürst
unter deinen Füßen
und eine neuer Tag dir sein Licht schenkt.

Antje Sabine Naegeli

Du musst nicht aushalten,
was über deine Kraft geht
und dich verkümmern lässt.
Du musst nicht ausharren
neben einem Menschen,
der dich wieder und wieder verletzt.
Hab acht auf dich!
Brich auf!
Geh deinen Weg!
Der Friede Gottes
lege sich auf alles,
was verwundet ist in dir,
dass du nicht zerbrichst,
sondern Kraft gewinnst,
dir neue Lebensräume zu erschließen.

Lass deiner Seele Zeit,
Verlorenes zu beweinen.
Alles, was du in dir fühlst,
will durchlebt sein:
Angst und Wut,
Trauer und Empörung,
Unsicherheit und Entschlossenheit.
Alles gehört zu dir,
ist Zeichen deines Lebendigseins.
Auch wenn die Angst widerspricht:

Der Tag wird kommen,
da du befreit aufatmen wirst.
Du gehst auf ihn zu
mit jedem Schritt,
den du tust.

Antje Sabine Naegeli

Guter Gott,
du Freund der Menschen,
bleibe bei mir in den Zeiten
meiner Verlassenheit.
Segne du die Stunden
der Einsamkeit,
dass ich nicht bitter werde
in meinem Kummer und ungerecht,
sondern dass sich in der Stille
die gebundenen Kräfte
wieder neu entfesseln
und mich aufstehen lassen,
wenn die Zeit reif dazu ist.

Christa Spilling-Nöker

Deine Krise wird dich zu Grunde führen
zur Quelle des Lebens

Lass deine Tränen fließen
schrei mit deiner ganzen Lebenskraft

Einzigartig bist du
anerkannt in deinem Scheitern

Traue deinem Rhythmus
folge deinen Traumbildern
nimm dir Zeit
soviel zu brauchst

So wirst du zum Segen werden
weil sich in dir neues befreiteres Leben anbahnt
er-löst von Einengung und Angst

Nimm dich an
mit deinen Grenzen und Begabungen
Sein Segen sei dir
trotz aller Verunsicherung
all-täglich neu geschenkt

Pierre Stutz

Es wachse in dir der Mut,
dich einzulassen
auf dieses Leben
mit all seinen Widersprüchen,
mit all seiner Unvollkommenheit,
dass du beides vermagst:
kämpfen und geschehen lassen
ausharren und aufbrechen,
nehmen und entbehren.

Es wachse in dir der Mut,
dich liebevoll wahrzunehmen,
dich einzulassen
auf andere Menschen
und ihnen teilzugeben
an dem, was du bist und hast.

Sei gesegnet, du,
und mit dir die Menschen,
die zu dir gehören,
dass ihr
inmitten dieser unbegreiflichen Welt
den Reichtum des Lebens erfahrt.

Antje Sabine Naegeli

Gottes Nähe sei mit dir
bei allem, was du tust und lässt.

Gottes Nähe geleite dich
auf allen deinen Wegen und zum
Ziel deines Lebens.

Gottes Nähe mache dich gelassen
in einer unruhigen Zeit.

Gottes Nähe nehme dir die Furcht
vor einem schweren Leben.

Gottes Nähe vertreibe dir die Angst,
dass du dein Lebensziel verfehlen könntest,
und die Angst vor dem Tod.

Gottes Nähe sei mit dir!

Kurt Rommel zu 1. Korinther 16,23

In Zeiten
des Argwohns:
Segne uns
mit Vertrauen.

In Zeiten
der Verzagtheit:
Segne uns
mit Mut.

In Zeiten
des Irrwahns:
Segne uns
mit Vernunft.

In Zeiten
der Hektik:
Segne uns
mit Gelassenheit.

Und segne uns
mit der Gewissheit,
selbst in Zeiten des Fluchs
dennoch gesegnet zu sein.

Wolfgang Dietrich zu Psalm 67,2a:
„Gott sei uns gnädig und segne uns"

Du gott des lebens
unsres lebens
auf dieser erde

segne uns
mit dem vertrauen
dass du uns
begleitest
auf unserm weg

im durst
zur quelle

im dunkel
zum licht

im tod
zum leben

amen

Anschließend zeichnen alle ihrer rechten Nachbarin/ihrem
rechten Nachbarn ein Kreuz in die linke Hand.

Katja Süß

SALBUNG UND SEGNUNG MIT ÖL

Gott
du unfassbares du
sei für uns wie dieses öl

leuchte uns
wenn die nacht über uns kommt

heile uns
wenn die flügel der sehnsucht erlahmen

stärke uns
wenn uns der weg zu weit erscheint

gott
du bist für uns wie dieses öl
wo wir einander gut sind
und uns segnen

amen

Anschließend salbt die Sprecherin/der Sprecher den Menschen
rechts neben sich – je nach Situation und/oder Vertrautheit
die Hände bzw. Stirn, Augen und Mund bzw. ein anderes
Körperteil. Dies kann schweigend geschehen oder von einem
spontan formulierten Segenswort begleitet werden. Der/die so
Gesegnete nimmt das Gefäß mit Öl und segnet wiederum den
Menschen rechts neben sich – bis der Kreis sich schließt.

Katja Süß

Lass dich salben auf die Hand
mit kostbar-heilendem Öl
deine Handmitte sei zärtlich berührt
damit du erinnert wirst
wie deine Lebenslinien immer schon
im Hoffnungsbuch aufgezeichnet sind

Lass dich salben auf die Stirn
mit feinriechenden Essenzen
damit deine Gedanken
nicht in der Spirale der Angst sich verfangen
sondern immer neu zu vertrauensvoller Weite
geöffnet werden

Lass dich salben auf dein Herz
in Erinnerung an die Zusage der Verwandlung
damit deine Verhärtungen sich lösen
und Gott dich neu mit seiner Zuwendung anrührt

Pierre Stutz

KRANKENSEGEN

Du kannst deine Besucher bitten, dass sie über dir den Segen
sprechen. Bitte sie, dass sie dir dabei die Hände auflegen,
damit du Gottes schützende Hand über dir weißt. Sie sollen
dir im Segensgebet das wünschen, was ihrem Herzen
entströmt. Oder sie können folgende Worte sprechen:

Der Herr segne und behüte dich.
Er lasse sein Angesicht über dir leuchten
und schenke dir seinen Frieden.
Er erfülle dich mit seiner Liebe.
Er sei in dir als die Quelle, die nie versiegt.
Er sei unter dir als die Hand, die dich hält.
Er sei über dir als ein schützendes Dach,
das alles Bedrohliche von dir abhält.
Er sei in deiner Schwäche und in deiner Kraft,
in deiner Ohnmacht und in deiner Hoffnung.
Er sei mit dir, wohin dein Weg auch geht.
Er durchdringe dein Herz mit seiner
zärtlichen Liebe. Amen.

Anselm Grün

Gott segne das Dunkel,
das du nicht verstehst,
und lasse dich schauen
Sein Licht.

Gott segne deine Schwäche
und lasse dich erfahren
Seine Kraft.

Gott segne deine Schmerzen
und die Schreie der Qual
und lasse sie zum Weg werden
zu Ihm.

Gott segne deine Einsamkeit
und lasse sie zur Gemeinschaft werden
mit Ihm.

Gott segne deine Fragen
und öffne dir Ohren und Herz,
dass du Seine Antwort verstehst
zu Seiner Zeit.

Gott segne die Ungewissheit
und mache dich gewiss
Seiner Gegenwart.

Gott segne deine Hoffnung
und lasse dich vertrauen,

dass größer als deine Wünsche
Seine Liebe ist.

Gott segne deine schlaflosen Nächte
und lasse den Glauben in dir wachsen,
dass Er dich führt.

Wilma Klevinghaus

Du in deiner Angst,
ausgeliefert dem Ungewissen,
dem zähen Dahinschleichen
der Minuten,
Friede komme
über dein unruhiges Herz,
dass du Kraft hast,
den geliebten Menschen
mit Gedanken des Vertrauens
zu umgeben
in den Stunden der Gefahr.

Antje Sabine Naegeli

BEIM ABSCHIEDNEHMEN

Wenn deine Schritte langsamer werden
und dein Atem ins Stocken gerät
wenn dein Gedächtnis dich im Stich lässt
und deine Lebenskräfte schwinden

Dann wünsche ich dir Momente der Erinnerung
die dich dankbar werden lassen
über all das
was dir gelungen ist in deinem Leben

Die Gabe der Geduld wünsche ich dir
deine Zerbrechlichkeit annehmen zu können
um in deinen durchkreuzten Hoffnungen
die Nähe zu Gott vertiefen zu können

So wirst du mitfühlend bleiben können
und im Annehmen deiner Grenzen
weiterhin zum Segen werden für viele

Pierre Stutz

Angesichts des Sterbens
wünsche ich dir
Hände
die dich zärtlich halten
Ohren
die deine kargen Worte hören
Lippen
die dir erzählen vom Leben
das stärker ist als der Tod
Herzen
die im Puls des Lebens
die göttliche Zuwendung erahnen

Zärtlich-aufrichtende Freundschaftsgesten
wünsche ich dir
die du als Segenszeichen Gottes erkennen darfst

Gott
der uns im Leben und Sterben beim Namen ruft
sei unsere verbindende Mitte
über den Tod hinaus

Pierre Stutz

Kleine Bitte

Wo immer
ich sterbe

lege
du
deinen kopf
wenn die sanduhr erlaubt
auf meinen
letzten herzschlag

ich reiche
dir
meine hand
vom anderen ende
des todes

gesegnet
mit tränen

fürs baldige wiedersehn

Werner Kallen

Ad notam

Bei meinem tod
setzt in kenntnis
den einen gott

mit farbigen worten
und
staubigem antlitz

besteht auf
erhörung
drei tage womöglich
wider das steinerne ohr

erinnert
den segen
kreuzweis versprochen
gegen die gräber

Werner Kallen

Wir tragen dich zu Grabe
Schritt für Schritt
und vertrauen dich unserer Mutter Erde an

So vertiefen wir
das Tragende unserer Beziehung zu dir
dein Lachen und Weinen
deine Konfliktfähigkeit
und Versöhnungsbereitschaft
deine Gelassenheit und Leidenschaft
deinen Humor und deine Verletzlichkeit
deine Grenzen und deine Gaben

Schritt für Schritt
versuchen wir hineinzuwachsen
in das Urvertrauen
dass du in Gott hineingestorben bist
um auch in uns weiterzuleben

So vertiefen wir
das Verbindende unserer Beziehung
und sind aufgefordert
unser Leben angesichts des Todes zu gestalten
damit uns beziehungsreiches Leben
vor dem Tod geschenkt sei
und dein Leben segnend weiterwirkt

Pierre Stutz

Gesegnet, die da Leid tragen

Der du gesagt hast:
„Selig sind die Leidtragenden,
denn sie sollen getröstet werden",

segne uns mit dem Segen, der das Leid erträgt,
dem wir nicht ausweichen können,
Schmerzen, Krankheit und Tod,

segne uns mit dem Segen, der das Leid mitträgt,
dem andere nicht ausweichen können,
Schmerzen, Krankheit und Tod,

segne uns mit dem Segen,
der dem Leid wehrt und Leid abwendet
im Leben anderer und im eigenen Leben.

Hilf uns, das Leid und die Leiden der Welt
so zu tragen, dass sie uns und anderen
zum Segen werden.

Dieter Trautwein

LEBENSSEGEN

Gott,
der Lebendige,
der Ursprung und Vollender
alles Lebens,
segne dich,
gebe dir Gedeihen und Wachstum,
Gelingen deinen Hoffnungen,
Frucht deiner Mühe.
Er behüte ich vor allem Argen,
er sei dir Schutz in Gefahr
und Zuflucht in Angst.

Gott lasse sein Angesicht
über dir leuchten,
wie die Sonne über der Erde
das Erstarrte wärmt und löst
und das Lebendige weckt
in allen Dingen.
Er sei dir gnädig,
wenn du schuldig bist.
Er löse dich von allem Bösen
und mache dich frei.

Gott erhebe sein Angesicht
auf dich.

Er schaue dich freundlich an.
Er sehe dein Leid
und höre deine Stimme,
er heile und tröste dich
und gebe dir Frieden,
das Wohl des Leibes,
Wohl und Heil der Seele,
Liebe und Glück
und führe dich an dein Ziel.

Amen.
Das heißt:
So will es der lebendige Gott,
so steht es fest nach seinem Willen,
für dich.

Jörg Zink zu 4. Mose/Numeri 6,24-26

NACHWEISE

„Segen" ist seit vielen Jahren ein Schwerpunkt im Programm des Verlags am Eschbach. Dieser Sonderband versammelt neue und bewährte Texte aus früheren Veröffentlichungen (wenn nicht anders angegeben aus dem Buch: Gesegneter Weg. Segenstexte und Segensgesten, hg. von Martin Schmeisser, Verlag am Eschbach, 1. Aufl. 1997 / Neufassung 2000).

VaE bedeutet im Folgenden: Verlag am Eschbach, Eschbach/Markgräflerland.

Barbara Cratzius: S. 45 (Erstveröffentlichung), © bei der Autorin.

Wolfgang Dietrich: S. 95, aus: ders., Es ist ein Gesang in der Welt. Ein Psalter dieser Tage, Psalm 1–75, © VaE 1999.

Max Feigenwinter: S. 16, aus: Martin Schmeisser (Hg.), Sonntäglich leben, © VaE 2001. – S. 17, 18, aus: Max Feigenwinter, Wurzeln spüren, Neues wagen, © VaE 1999.

Anselm Grün: S. 99, aus: ders., Gestärkt von guten Mächten. Zum Krankenbesuch, © Kreuz Verlag GmbH, Stuttgart 1999.

Romano Guardini: S. 2, aus: ders., Der Herr. Betrachtungen über die Person und das Leben Jesu Christi, Verlagsgemeinschaft Matthias Grünewald, Mainz/Ferdinand Schöningh, Paderborn, 16. Auflage 1997, S. 346. Alle Autorenrechte liegen bei der Katholischen Akademie in Bayern.

Gottfried Hänisch: S. 50, © beim Autor.

Almut Haneberg: S. 73f., © bei der Autorin.

Eva Hönick: S. 38, © VaE.

Rudi Kaiser: S. 37, aus: Susanne Herzog und Franz Keil (Hg.), Zieh den Kreis nicht zu klein, © Schwabenverlag, Ostfildern 1999.

Werner Kallen: S. 104, 105, © beim Autor.

Wilma Klevinghaus: S. 11 (Erstveröffentlichung), S. 15, 29, 41, 62, 71, 100f., © VaE.

Helmut Kraft: S. 57, © beim Autor.

Antje Sabine Naegeli: S. 42, aus: dies., Dass die Nacht dir Frieden bringt, © VaE 2002. – S. 93, aus: dies., Ich spanne die Flügel des Vertrauens aus, © VaE, 4. Aufl. 2002. – S. 54, aus: Martin Schmeisser (Hg.), Deine Güte umsorgt uns, © VaE, Neuausgabe 2001. – S. 56, 88f., 90f., 101, © VaE.

Heinz Pangels: S. 52, aus: ders., Vertrauter Umgang mit Gott, Haag + Herchen Verlag GmbH, Frankfurt/M. 1996.

Pierre Pradervand: S. 8–10, aus: ders., vivre es spiritualité au quotidien, © Editions Jouvence, St. Julien-en-Genevois/France 1998.

Eberhard Röhrig: S. 60, © beim Autor.

Kurt Rommel: S. 30, 49, 94, © beim Autor.

Anton Rotzetter: S. 33–35, aus: ders., Grund, aus dem ich lebe, © VaE 2002. – S. 55, aus: ders., Ich rufe Sonne und Mond, © VaE 1998. – S. 74, © VaE.

Ernst Schlatter: S. 36, © beim Autor.

Martin Schmeisser: S. 19–22 (Neufassung 2003), © VaE.

Jürgen Schwarz: S. 51, aus: Eschbacher Textkarte (= TK) 350 „Japanische Anemonen"; S. 59, aus: TK 345 „Mondnacht"; S. 65, aus: TK 342 „Rose". © VaE.

Christa Spilling-Nöker: S. 31, aus: dies., Jeder Augenblick zählt, © VaE, 6. Aufl. 2002. – S. 48, 72, 84f., aus: dies., Ich schenke dir ein gutes Wort, © VaE 2002. – S. 52f., aus: dies., Der Himmel ist in dir, © VaE, 10. Aufl. 2002. – S. 64, aus: dies., Leuchtende Nacht, © VaE 2002. – S. 23–26, aus: Martin Schmeisser (Hg.), Sonntäglich leben, © VaE 2001. – S. 39, 44, 58, 75, 81, 83, 88, 91 unten, © VaE.

Pierre Stutz: S. 76, aus: ders., Du bist einzigartig. Taufbuch für Eltern und Paten, © Rex-Verlag, Luzern/Stuttgart 1995. – S. 12, aus: ders., Einfach leben. In 52 Schritten durch das Jahr, © VaE 2003. – S. 13, 27, 32, 70, 92, 98, 102, 103, 106, © VaE.

Katja Süß: S. 14, 40f., 43, 63, 79, 80, 96, 97, © VaE.

Dieter Trautwein: S. 102, © beim Autor.

VerfasserIn unbekannt: S. 78, 86f., © VaE.

Hans Wallhof: S. 87, © beim Autor.

Jörg Zink: S. 28, aus: Die Bibel neu in Sprache gefasst von Jörg Zink, Kreuz Verlag GmbH, Stuttgart 1998. – S. 82, aus: Jörg Zink, Ein Segen für dich, © Kreuz Verlag GmbH, Stuttgart 1996. – S. 46f. aus: ders., Dem Herzen nahe, © VaE 2002. – S. 61, aus: ders., Türen zum Fest, © VaE 2002. – S. 94f., aus: ders., Ich kann vertrauen. Gedanken zum Segen, © VaE 2002. – S. 66–69 (Erstveröffentlichung, Auszug aus Manuskript für: Evangelische Morgenfeier, SWF, 16.8.1987), © VaE. – S. 21f., 76f., 85 unten, © VaE..

Als Begleitlektüre zu diesem Buch empfehlen wir das Eschbacher Geschenkheft: **Jörg Zink, Ich kann vertrauen. Gedanken zum Segen.** Mit Bildern von Marc Chagall, © Verlag am Eschbach 2002 (Bestell-Nr. 255).